Inhalt

Onlinegeschäft - Grenzüberschreitende Vertragsgestaltung im Zeitalter des E-Commerce

Kernthesen

Beitrag

Fallbeispiele

Weiterführende Literatur

Impressum

GENIOS WirtschaftsWissen Nr. 03/2009 vom 03.03.2009

Onlinegeschäft - Grenzüberschreitende Vertragsgestaltung im Zeitalter des E-Commerce

C.F.Dobner

Kernthesen

- E-Commerce gewinnt zunehmend an Bedeutung. Der Bundesverband des Deutschen Versandhandels e.V. meldete für das Jahr 2008 eine Umsatzsteigerung von 15 Prozent.
- Durch E-Commerce steigt die Anzahl der grenzüberschreitenden Verträge zwischen Unternehmen oder Unternehmen und

Verbrauchern kontinuierlich.
- Der internationale Handel birgt jedoch Risiken. Rechtssicherheit muss gewährleistet und Verträge müssen durchsetzbar sein.
- Auch im internationalen Handel gilt der Grundsatz der Privatautonomie. Dennoch sind bei der Vertragsgestaltung eine Fülle von Rechtsnormen zu beachten.

Beitrag

Unternehmen profitieren regelmäßig, unabhängig von ihrer Größe, vom Internet als Medium, Werbe- und Vertriebsplattform. Seit den neunziger Jahren sprießen tagtäglich neue, reine Online-Unternehmen, die das Internet als einzigen Werbe- und Vertriebskanal nutzen aus dem Boden.

Für das abgelaufene Kalenderjahr 2008 meldete der Bundesverband des Deutschen Versandhandels e.V. einen weiteren Anstieg der Zahl der Online-Käufer auf 31,44 Millionen. Der Gesamtumsatz für Waren und Dienstleistungen im Internet betrug für 2008 rund 19,3 Milliarden Euro. Diese Fakten unterstreichen, dass der Onlinehandel kein unbeachtlicher und kein zu unterschätzender Markt mehr ist. [1]

Durch das wirtschaftliche Zusammenwachsen Europas und der zunehmenden Globalisierung steigt gerade im Onlinehandel der Anteil an grenzüberschreitenden Verträgen stetig. Immer häufiger ist gerade bei Verbraucherverträgen der Verbraucher ausländische Vertragspartei. Bei derartigen Verträgen gelten eine Reihe von Besonderheiten. Unternehmer sollten stets hinterfragen ob ihr Vertragswerk auch auf Verträge mit Auslandsbezug anwendbar bleibt. Ein besonderes Augenmerk ist auch auf die Einbeziehung Allgemeiner Geschäftsbedingungen zu legen, die die gem. § 305 Abs. 1 BGB für eine Vielzahl von Verträgen vorformulierten Vertragsbedingungen darstellen. Einzelne AGB-Klauseln können im internationalen Geschäftsverkehr ihre Gültigkeit verlieren und somit sogar zum Nachteil des Verwenders werden. (2)

Zwingend zu beachtende Rechtsnormen ergeben sich nicht nur aus den nationalen Rechtsordnungen, sondern auch aus ständiger Rechtssprechung die zum 17.06.2008 in Form der sogenannten Rom I-Verordnung Berücksichtigung fand. (3), (8), (9)

Lieferbeziehungen mit

ausländischen Unternehmen

Bei Verträgen bei denen auf beiden Seiten Unternehmer beteiligt sind, sind die Gestaltungsmöglichkeiten nicht derart beschränkt wie bei Verbraucherverträgen. Aus diesem Grund bestehen für beide Seiten sowohl Chancen als auch Risiken. Risiken bestehen grundsätzlich bei mehrsprachigen Verträgen, da sich regelmäßig Widersprüche ergeben. Aus Rechtssicherheitsgründen sollte daher bei mehrsprachigen Verträgen vereinbart werden, welche Vertragsfassung im Falle eines Widerspruches Vorrang hat.

Da sich aus dem internationalen Privatrecht im Falle von Uneinigkeiten häufig unterschiedliche Lösungen ergeben, sollten die Vertragsparteien grundsätzlich schriftlich regeln, welches nationale Recht auf den Vertrag Anwendung findet. Häufig sollten Unternehmer ein Interesse daran haben, dass das jeweilige nationale Recht Anwendung findet, da dem Unternehmer die Regelungen des nationalen Rechtes des anderen Vertragspartners häufig unbekannt sind. Dennoch kann es auch durchaus möglich sein, dass das nationale Recht des Vertragspartners auch für den Unternehmer günstiger ist. Darauf sollte aber nicht blind vertraut werden. Ob eine ausländische Rechtsordnung günstiger ist, kann nur mit Hilfe einer

Rechtsberatung durch einen mit dem ausländischen Recht vertrauten Rechtsanwalt geklärt werden. Zwar ist dies mit zusätzlichen Kosten verbunden, gelegentlich finden sich hierbei jedoch auch interessante Gestaltungsmöglichkeiten. Kann sich bei Vertragsschluss auf keine nationale Rechtsordnung geeinigt werden, so könnte der Verweis auf das UN-Kaufrecht eine konsensfähige Lösung bieten.

Neben der Regelung, welches Recht für den Vertrag anwendbar ist, sollte auch der Gerichtsstand vereinbart werden. Anders als bei der Rechtswahl, ist bei der Gerichtsstandswahl der Standort Deutschland nicht immer der sicherste Weg, denn es ist dringend darauf zu achten, dass das Urteil auch vollstreckbar ist. Es ist auch stets eine Überlegung wert, an stelle der staatlichen Gerichte ein Schiedsgericht zu vereinbaren. Diese Vereinbarung hat sowohl Vor- als auch Nachteile. Nachteilig sind sicher die im Falle des Tätigwerdens des Schiedsgerichtes entstehenden Kosten, die erheblich höher sind als übliche Gerichtskosten. Von Vorteil ist dagegen, dass Schiedsrichter sowohl höhere Fachkenntnis als auch Branchenkenntnisse besitzen sollten. Außerdem ist regelmäßig eine schnellere und bessere Vollstreckbarkeit gegeben. (4)

Sonderregelungen bei Verbrauchern als Vertragspartner

Von einem Verbrauchervertrag spricht man grundsätzlich dann, wenn der Empfänger einer unternehmerischen Leistung Verbraucher i.S.d. § 13 BGB ist. Wenn dem Vertragsschluss ein ausdrückliches Angebot, oder eine Werbung von Seiten des Unternehmers in einem Staat vorangegangen ist und der Verbraucher in demselben Staat die zum Abschluss des Vertrages erforderliche Rechtshandlung vorgenommen hat, bestimmt Art. 29 des Einführungsgesetzes zum Bürgerlichen Gesetzbuch (kurz: EGBGB) welches Recht anwendbar ist.

Dabei ist häufig strittig, wie weit der Werbungsbegriff auszulegen ist. Fraglich ist, ob es sich bereits um Werbung handelt, wenn der Verbraucher zufällig beim Surfen im Internet auf die Homepages des Anbieters gelangt, der nicht ausdrücklich in Deutschland für seine Produkte geworben hat. Die herrschende Meinung geht davon aus, dass dieses zufällige aufspüren kein gezieltes Werben eines spezifischen Verbrauchers darstellt.

In Deutschland ist außerdem zu beachten, dass das Gesetz über rechtliche Rahmenbedingungen für den elektronischen Geschäftsverkehr das anwendbare Recht für den EU weiten elektronischen Geschäftsverkehr gesondert regelt. (3)

Besonderheiten bei Verträgen im Internet

Bei einem Produktvertrieb über das Internet wird von sogenannten Internet-Kommunikationsverträgen gesprochen, bei denen sodann die Leistung außerhalb des Netzes erbracht wird. Grundsätzlich sei anzumerken, dass bei solchen Onlineverträgen, bei denen eine Vertragspartei ihren Sitz im Ausland hat nichts anderes gilt als bei den sonstigen schuldrechtlichen Verträgen mit Auslandsbezug.

Internetverträgen sind in der Regel Allgemeine Geschäftsbedingungen zu Grunde zu legen, die eine für den Verwender günstige Rechtswahlklausel enthalten. Damit diese Allgemeinen Geschäftsbedingungen auch wirksamer Vertragsbestandteil des Internet-Kommunikationsvertrages werden, ist darauf zu achten, dass die AGB kurz, verständlich und in deutscher Sprache abgefasst werden. Eine Gerichtsstandsvereinbarung in den Internet-AGB ist grundsätzlich unwirksam, da diese der Schriftform bedarf. Vor endgültigem Abschluss des Vertrages, sollte der Verwender eine ausdrückliche Bestätigung der Allgemeinen Geschäftsbedingungen, zum Beispiel durch Anklicken eines Kontrollkästchens, verlangen.

Außerdem muss die Möglichkeit zum Ausdruck und zum Download der AGB gegeben sein. Bei Bestellungen per e-Mail müssen dem Käufer die AGB zwingend per FAX oder Brief übersandt werden.

Dem Verwender ist aus Rechtssicherheitsgründen zu raten, ein technisches Protokoll darüber anzufertigen, dass der Besteller die AGB zur Kenntnis genommen hat.

Fallbeispiele

Spitzenreiter in Sachen E-Commerce Wachstum sind zum Beispiel Amazon und Otto. Die zweistelligen Wachstumsraten dieser Unternehmen sind fast ausschließlich durch Onlinekäufe bedingt.

Aber nicht jede Branche ist gleichermaßen am Onlineboom beteiligt. An der einsamen Spitze steht der Absatz von Büchern, CDs und DVDs, gefolgt von

Bekleidung und Elektroartikeln. Teuere Produkte, wie zum Beispiel Möbel reihen sich weit unten ein, da Konsumenten diese wohl lieber vor Ort besichtigen möchten. Auch bei frischen Lebensmitteln finden naturgemäß nur selten grenzüberschreitende Warenbewegungen per Mausklick statt.

Der Anteil des Onlinegeschäfts am Gesamtumsatz des Einzelhandels beträgt immer noch bescheidene fünf Prozent, trotz des enormen Potenzials und der Vorteile des direkten Preisvergleiches und des round-the-clock shoppings. (5)

Weiterführende Literatur

(1) E-Commerce wächst weiter
aus cards Heft 01 vom 01.02.2009 Seite 046

(2) Effektive Justizdienstleistungen für den globalen Handel (*)
aus Zeitschrift für Rechtspolitik, Heft 01/2009, S. 1

(3) Internationale Zuständigkeit bei Verbraucherverträgen
aus MDR - Monatsschrift für Deutsches Recht 1/2009, S. 44-45

(4) Die Rechtsordnung entscheidet
aus Frankfurter Allgemeine Zeitung, 28.05.2008, Nr. 122, S. 21

(5) Die heimlichen Wünsche der Web-Käufer
aus Der Handel Nr. 01 vom 29.12.2008 Seite 029

(6) INTERNET - Mittelstand vernachlässigt Web
aus acquisa, Vol. 55, Heft 02/2009, S. 8

(7) Bierekoven, Christiane, Die Neuregelung des Widerrufs- und Rückgaberechtes im Fernabsatz und E-Commerce, CR - Computer und Recht, 12/2008, S. 785-791
aus acquisa, Vol. 55, Heft 02/2009, S. 8

(8) Neues Internationales Vertragsrecht Zur Rom I-Verordnung
aus Europäische Zeitschrift für Wirtschaftsrecht, Heft 20/2008, S. 622

(9) O.V., Internationale Gerichtsstandsvereinbarungen in AGB - Internationaler Handelsbrauch, OLGReport Celle/Hamburg/Schleswig/Oldenburg/Braunschweig/E 17/2008, S. 694-698
aus Europäische Zeitschrift für Wirtschaftsrecht, Heft 20/2008, S. 622

Impressum

Onlinegeschäft - Grenzüberschreitende Vertragsgestaltung im Zeitalter des E-Commerce

Bibliografische Information der deutschen Nationalbibliothek

Die Deutsche Nationalbibliothek verzeichnet diese Publikation in der deutschen Nationalbibliografie; detaillierte bibliografische Daten sind im Internet über http://dnb.d-nb.de abrufbar.

ISBN: 978-3-7379-0219-9

© 2015 GBI-Genios Deutsche Wirtschaftsdatenbank GmbH, Freischützstraße 96, 81927 München, www.genios.de

Alle Rechte vorbehalten. Dieses Werk ist einschließlich aller seiner Teile – z.B. Texte, Tabellen und Grafiken - urheberrechtlich geschützt. Jede Verwertung außerhalb der Grenzen des Urheberrechtsgesetzes bedarf der vorherigen Zustimmung des Verlags. Dies gilt insbesondere auch für auszugsweise Nachdrucke, fotomechanische Vervielfältigungen (Fotokopie/Mikroskopie), Übersetzungen, Auswertungen durch Datenbanken oder ähnliche Einrichtungen und die Einspeicherung und Verarbeitung in elektronischen Systemen.